Münster, 28. August 2018

ISBN 9783882074598

Christen führten Kriege aus religiösen Gründen mit besonderer Unbarmherzigkeit. Innerhalb des Christentums kämpfte man aufgrund unterschiedlicher Auslegungen der Glaubensinhalte. Jede Seite sah sich im Besitz der Wahrheit, für Alle ging es um das Seelenheil als höchstes Gut. Wie gingen Christen mit Nichtchristen um, mit "Heiden", Muslimen, Juden? Es überwogen lange Zeit Misstrauen und Ausgrenzung bis hin zu Unterdrückung, da die Idee der Religionsfreiheit bis in die Neuzeit weitgehend unbekannt war.

Impressum

© Deutscher Katecheten-Verein e. V., München 2018

Herausgeber:	Katrin Egbringhoff, Thomas Flammer und Elisabeth Lange
Autor:	Rainer Oberthür
Illustrationen:	Barbara Nascimbeni
Verlag:	Deutscher Katecheten-Verein e. V., München
Satz:	iD Atelier GmbH, www.idatelier.de

DER FRIEDENSSUCHER

Text: Rainer Oberthür, nach einer Idee von Barbara Nascimbeni
Idee und Konzept: Elisabeth Lange und Katrin Egbringhoff
Entstanden anlässlich der Ausstellung „Frieden. Wie im Himmel so auf Erden?" in Münster 28.04.–02.09.2018

Vorwort

Kinder kommen in unserer Zeit mehr und mehr mit dem Thema „Krieg und Frieden"
in Berührung. Sie stellen sich und ihren Eltern Fragen, die uns alle bewegen: Wieso führ(t)en
wir Menschen Kriege? Warum ist es so schwierig Frieden zu schaffen und zu erhalten?
Wieso kann Gott so viel Leid zulassen? Und: Können Religionen zum Erhalt des Friedens beitragen?
Klare Antworten kann es auf diese Fragen nicht geben, denn es gibt nicht „den einen Weg" zum Frieden.
Im vorliegenden Buch wird die Friedensproblematik anhand ausgewählter Kunstwerke aufgegriffen. Die Figuren
von Löwe, Lamm und Vogel erkunden gemeinsam eine Ausstellung zum Thema „Frieden" und entdecken so immer
wieder Bezüge zwischen gezeigten Werken und der Lebenswirklichkeit im Hier und Jetzt. Die Geschichte möchte zu
einem Dialog zwischen Kindern und Eltern und Pädagogen anregen.

Das vorliegende Kinderbuch entstand im Rahmen der Ausstellung des Bistums Münster „Frieden. Wie im Himmel so
auf Erden?" (28.04.–02.09.2018 im LWL-Museum für Kunst und Kultur in Münster).
Im Museum kann das Buch während der Ausstellungszeit kindgerechte Informationen zu den gezeigten Kunstwerken
liefern. Dort gibt es zudem Stationen auf Kinderhöhe mit vielen der Originalillustrationen von Barbara Nascimbeni,
die mit Kernfragen zum Thema versehen sind und zu Gesprächen mit Freunden oder der Familie einladen.
Gleichzeitig ist dieses Buch als Lese- oder Bilderbuch für Familien, Pädagogen und Katecheten konzipiert, um auch
unabhängig von der Ausstellung die aktuelle Frage nach der „Friedenskraft des Christentums" kindgerecht zu thematisieren.

Unser Dank gilt Barbara Nascimbeni und Rainer Oberthür für die gekonnte Umsetzung der Idee und dem dkv, namentlich Nicole Wislsperger und Tobias Weismantel, für die unkomplizierte Zusammenarbeit sowie insbesondere der
Darlehnskasse Münster für die finanzielle Unterstützung und dem Bistum Münster für die Realisierung sowohl der
Ausstellung als auch des vorliegenden Kinderbuchs.

Münster im April 2018
Katrin Egbringhoff, Thomas Flammer, Elisabeth Lange

Viele Tage ist der kleine Vogel geflogen, so viele Tage!
Durch endlos weite Räume – Meere, Landschaften und Städte,
durch endlos lange Zeiten – Jahr für Jahr für Jahr.
Wo und wann der Anfang seiner Reise war, weiß er nicht mehr.
So lang ist er unterwegs, ist ruhelos und am Ende seiner Kraft.
Er wünscht sich nur noch einen Platz, wo er sich ausruhen kann.
Er träumt von einem Zuhause, wo er für immer bleiben kann.

Ohne es zu wissen, kommt der kleine Vogel am Abend in unsere Zeit, in unser Land und unsere Stadt. Er sieht ein großes Haus, fühlt sich unerklärlich dort hingezogen und fliegt durch die offene Tür. Müde lässt er sich nieder und hört, wie die Tür von außen laut verschlossen wird. Das ist ihm egal, denn hier ist es trocken und warm. Endlich kann er durchatmen. Doch dann fliegt er umher und schaut sich neugierig um. „Seltsam ist es hier, so viele Räume mit merkwürdigen Fenstern", denkt der kleine Vogel. Überall sieht er Fensterrahmen. In jedem gibt es eine eigene Welt zu entdecken. Da ist Wunderbares, das ihn anzieht, und Trauriges, das ihn abschreckt.

Alles steht still – ein Ort der Ruhe!

Da bleibt sein Blick an einem kleinen Fenster hängen. Das will er unbedingt sehen! Er fliegt nah heran und staunt: Ein Kind im weißen Kleid lächelt ihn geheimnisvoll an. Dabei streichelt es ein Kalb. An seiner anderen Seite steht ein mächtiger Löwe. Daneben sieht ein kleines Lamm hoch zu dem Kind. Das Kind und das Kalb, Löwe und Lamm und weitere Tiere sind einfach da. Sie haben keine Angst voreinander. Das ist die Ruhe, die der kleine Vogel auf seiner langen Reise so sehr gesucht hat.

Der kleine Vogel ist sich sicher: Das Kind und die Tiere schauen auf ihn! Wie von selbst spricht er ohne Furcht ausgerechnet das gefährlichste Tier an: „Du Löwe, ich sehe dich und die anderen durch das Fenster. Du bist so groß und stark, brauchst Tag für Tag dein

Futter. Warum tötest du nicht das Lamm, das Kalb und … das Kind?" „Aber nein", antwortet der Löwe entsetzt mit tiefer Stimme, „warum sollte ich das tun? Wie kommst du auf so böse Gedanken? Das sind doch meine besten Freunde. Wir alle leben hier in FRIEDEN!"
„FRIEDEN?", ruft der kleine Vogel aufgeregt:
„Das ist das Land, nach dem ich so lange suche!"
„Aber das ist doch kein Land", wundert sich das Lamm in sanftem Ton. „Frieden, das ist eine großartige Erfahrung, ein wunderbarer Traum, der endlich wahr wird. Frieden ist paradiesisch schön, denn alle verstehen sich: Lamm und Wolf, Löwe und Kind, alle Menschen auf der Erde. Frieden, das heißt: keine Grenzen und Mauern, keine Einsamkeit und Angst."

„Warum kenne ich sowas nicht?", fragt der kleine Vogel traurig, „überall habe ich nur Streit und Feindschaft, Totschlag und Krieg gesehen! Aus dem Himmel fallen Bomben, die alles zerstören, auf der Erde schießen Menschen auf Menschen, die aussehen wie sie selbst."
„Ach ja", seufzt der Löwe, „die Menschen möchten so gern in Frieden leben. Doch immer wieder entstehen Streit und Gewalt: wenn einer zum Beispiel mehr haben will oder den anderen nicht mag, nur weil er anders ist oder nicht zur selben Familie, zum eigenen Land oder zur gleichen Religion gehört."
„Aber ihr lebt doch in eurem Fenster miteinander in Freundschaft", erwidert der kleine Vogel, „dann ist es möglich!"
„Ich glaube, wir müssen dir erklären, wohin dich deine Reise geführt hat", meint der Löwe und lächelt gutmütig: „Du bist in einem Museum gelandet und schaust nicht durch Fenster, sondern auf Bilder. Bilder, das sind Erinnerungen, die etwas von früher erzählen. Bilder, das sind Träume, die zeigen, was Menschen wünschen, hoffen und glauben. Bilder, das sind Spiegel, die darauf hinweisen, dass vieles nicht gut läuft in der Welt. Unser Bild aber zeigt ein Leben in Frieden, das sich so viele erhoffen und das Gott uns vor langer Zeit für die Zukunft versprochen hat."

„Dann will ich auch in euer Bild", fleht der kleine Vogel, „ich will zu euch und für immer in Frieden leben!" „Du kannst nicht ins Bild kommen", warnt das Lamm, „es wurde vor über 100 Jahren gemalt!"

Der kleine Vogel hört nicht mehr hin. Er versucht mit dem Kopf voran ins Bild zu fliegen. RUMMS – hört man es krachen! „Nein, lass es! Das geht nicht!", schreien Löwe und Lamm. Ein zweites Mal – RUMMS – „Bitte, lass es sein!" Doch der kleine Vogel lässt sich nicht abhalten. Ein drittes Mal – RUMMS – der kleine Vogel fällt zu Boden und bleibt regungslos liegen.

„Kleiner Vogel, wach auf!", ruft das Lamm voller Sorge. „Kopf und Flügel sind gesund, ich glaube, es ist nichts passiert", stellt der Löwe fest. Der kleine Vogel öffnet die Augen. Der Löwe und das Lamm stehen vor ihm. „Ich hab's geschafft, ich bin ins Bild ‚Frieden' geflogen!", ruft er überglücklich.

„Nein, du hast es nur geschafft, uns aus ‚Frieden' herauszuholen", stellt der Löwe klar. „Wir sind aus Mitleid aus dem Bild gesprungen, um dir zu helfen."

„Ich will aber nicht mehr leben in einer Welt voll von Streit", ruft der kleine Vogel verzweifelt.

Das Lamm beruhigt ihn: „Schon in dieser Welt gibt es Augenblicke und Orte des Friedens. Wo Menschen in Liebe und Freundschaft leben, da erfahren sie den Himmel auf Erden."

Der Löwe ergänzt: „In deiner Welt können Wolf und Lamm, Löwe und Kalb nicht zusammenleben. Das kann es nur in einem gemalten Bild geben."

Das Lamm erklärt: „Vom Tierfrieden, der hier dargestellt ist, wird in der Heiligen Schrift der Juden erzählt. Diesen Teil der Bibel nennen die Christen das Alte oder auch das Erste Testament. Der Prophet Jesaja erzählt uns darin vom Himmel am Ende aller Zeit. Später haben die Christen im kleinen Kind das Jesuskind gesehen. So hat es auch der Künstler gemeint, der uns malte."

„Vom Frieden der Christen möchte ich mehr erfahren", wünscht sich der kleine Vogel. „Ich glaube, danach habe ich gesucht auf meinem langen Flug." „Pass auf, kleiner Friedenssucher", meint der Löwe, „wir zeigen dir das Wichtigste im Museum, dann weißt du, was für Christen Frieden heißt und wie es ihnen damit erging." „Aber wir müssen vorsichtig sein, damit die Aufsicht im Museum morgen nichts merkt", sorgt sich das Lamm. Der Löwe eilt schon in den Raum nebenan und kommt mit einem kleinen Wagen zurück. „Darin sammeln wir alle Bilder", sagt er, „am Ende haben wir den Wagen voll mit Bildern vom erhofften und missglückten Frieden!"

Der Löwe kann es kaum erwarten: „Komm, fangen wir an!" Schon stehen sie vor einem großen Wandbild. Erschrocken sieht der kleine Vogel eine Taube mit einer kugelsicheren Weste an einer Hauswand. Er fühlt sich der Taube seltsam nah und fragt: „Warum trägt sie diesen Schutz?" „Ein Straßenkünstler hat die Taube an die Hauswand gemalt", antwortet das Lamm. „Er macht aufmerksam auf den Streit zwischen zwei Völkern, die beide im selben Land leben, das Israel heißt. Ein Ende des Streits ist nicht in Sicht. Immer wieder zerplatzt der Friedenstraum. Ausgerechnet in Bethlehem, wo Jesus geboren ist, vermissen die Menschen den wahren Frieden." Das einfühlsame Lamm ist den Tränen nah.

Bansky zugeschrieben, 2007 Bethlehem

„Aber warum zeigt uns der Künstler das alles mit einer Taube?", rätselt der kleine Vogel. „Menschen brauchen für ihre Hoffnungen Bilder und Symbole mit tieferer Bedeutung", erklärt der Löwe wie ein Professor. „Alle Dinge und Lebewesen können zum Symbol werden und uns etwas erzählen. Oft versteckt sich ein Geheimnis hinter den Tatsachen und Dingen der Welt. Das wichtigste Symboltier für den Frieden ist die Taube." „Hm, ein Vogel! Warum hat die Taube den Zweig im Schnabel?", fragt der kleine Vogel. „Das erklären wir dir beim nächsten Bild!" Der Löwe rollt das große Wandbild zusammen und legt es in den Wagen.

„Hier sehen wir die Geschichte von Noah aus dem Alten Testament", erklärt der Löwe. „Am Anfang der Bibel geht es um den Anfang von Welt und Mensch. Diese Geschichten wollen nicht über etwas berichten, was zu einer bestimmten Zeit passiert ist. Sie erzählen, was bis heute geschieht, wenn der Mensch auf die Welt kommt, nach sich und dem Leben fragt und entdeckt, dass er sich für das Gute oder Böse entscheiden kann." Schon bemerkt der kleine Vogel das Bild.

„Dieses Friedensbild entstand nach einem langen, schrecklichen Krieg", erklärt der Löwe. „Mehr als hundert Jahre lang wurden solche Friedensbilder an Schulkinder in Augsburg verschenkt. So feierte man dort die Versöhnung der Christen, die sich viele Jahre bekämpft hatten. Erst mit dem Friedensvertrag in Münster endete ein Streit, der 1618 – also vor 400 Jahren – begonnen hatte und dreißig Jahre dauerte."

Der kleine Vogel sieht in dem Friedensbild die kleine Taube mit dem Zweig unter dem großen Regenbogen. Auf dem Bild ist sie noch kleiner als er selbst, doch sie scheint wichtig zu sein. „Das Bild zeigt uns die Geschichte einer Wasserflut am Anfang der Zeiten", erklärt der Löwe. „Es wird erzählt, dass die Menschen am Anfang viel Böses taten. Da überflutet ein großer Regen die Welt. Gott lässt es geschehen, denn er erträgt das Unrecht auf der Erde nicht. Gerettet werden nur wenige gute Menschen: Noah mit seiner Familie und von jedem Tier ein Paar." Das Lamm fährt fort: „Dafür danken sie Gott mit einem Tieropfer. Das war damals üblich. Später sagt Jesus: Ihr braucht keine Tiere opfern! Lasst auch sie in Frieden leben!"
„Warum sind da die Taube und der Regenbogen?", der kleine Vogel hat nur dafür Augen. Der Löwe erzählt weiter: „Gott hatte Noah vor der Flut gewarnt und ihn beauftragt, ein Schiff zu bauen, in das sich Menschen und Tiere retten können. Erst als nach dem langen Regen die Taube mit einem frischen Zweig zurückkommt, wissen alle: Die Flut ist zurückgegangen und wir werden überleben! So bringt der Vogel die rettende Botschaft."

Nun erklärt das Lamm begeistert: „Mit dem Zeichen des Regenbogens verspricht Gott, dass nie wieder eine Flut die Erde zerstört. Gott schließt für immer einen Freundschaftsbund mit den Menschen. Der Regenbogen wird zum Symbol des Friedens: wunderbar und himmlisch!"

Der Löwe fasst zusammen: „Erzählt wird eine Geschichte gegen die Angst. Sie sagt allen Menschen, dass die schlimmste Katastrophe hinter uns liegt. Juden und Christen entdecken: Gott ist gerecht und gegen alles Böse. Er ist zugleich barmherzig und voller Liebe, ein Gott des Friedens, der für immer Freund aller Menschen sein will. Die Menschen brauchen nicht nur Bilder und Symbole, sondern auch Geschichten, die unser Leben erzählen und erklären." „Was bedeutet das strahlende Dreieck ganz oben?", fragt der kleine Vogel. Das Lamm erklärt: „Das Dreieck ist ein Symbol der Christen für Gott, das zeigt: Der eine Gott ist auf drei Weisen da: als Vater hoch über uns, als Sohn mitten unter uns und als Heiliger Geist tief in uns!"

Der Löwe legt behutsam das Bild in den Wagen und geht zum nächsten Gemälde mit vielen kleinen Bildern.

„Schau mal, wer hier zu sehen ist! Das ist Jesus, der für Christen der erwartete Friedensbringer ist. Hier sehen wir ihn bei der Predigt auf einem Berg. Er redet über den Weg zum himmlischen Glück, das schon auf der Erde beginnt. Er spricht: „Selig sind die Armen, Trauernden, Gerechten, Ehrlichen, Barmherzigen und die Friedlichen. Sie alle werden bei Gott sein." „Ja, das sehe ich im Bild rechts in der Mitte", entdeckt der kleine Vogel stolz. „Da geht ein Mann zwischen zwei Streitende, die mit Faust und Schwert aufeinander losgehen." „Genau", bestätigt das Lamm, „und ein Bote Gottes hält ein altes Friedenszeichen in die Höhe: einen Stab, der von zwei Schlangen mit kleinen Flügeln umschlungen ist. Dieser Friedensstifter macht den Menschen Mut. Die friedlichen Menschen werden Kinder Gottes sein. Gott erscheint oben am Himmel im leuchtenden Namen JHWH. So nennen ihn die Juden.

Der Löwe ergänzt: „Jesus redete aber nicht nur vom Frieden, er lebte auch so. In seiner Nähe wurden Menschen auf wunderbare Weise gesund. Immer mehr Menschen waren begeistert und folgten Jesus."

Nun spricht wieder das Lamm: „Das Bild erinnert auf der rechten Seite an die zehn Gebote aus dem Alten Testament, die Mose von Gott auf Steintafeln empfängt. Sie kommen von Gott als Hilfe zum guten Leben. Schon dort steht: Du sollst nicht morden! Jesus fordert noch mehr: Liebt sogar eure Feinde! Behandelt andere so, wie ihr auch von ihnen behandelt werden möchtet!

Mit dem Vaterunser schenkt Jesus uns ein Gebet des Friedens, der schon hier bei uns beginnt.

Da heißt es an Gott gerichtet: Dein Wille geschehe, WIE IM HIMMEL, SO AUF ERDEN!

Dort steht auch die Bitte: Vergib du uns, so wie auch wir den anderen vergeben!

Jesus fordert alle Menschen auf, den Hungrigen und Durstigen, den Fremden und Armen, den Kranken und Gefangenen zu helfen. Er sagt: Was ihr den Kleinsten und Schwächsten unter den Menschen getan habt, das habt ihr auch mir getan." Der kleine Vogel staunt: „Wer das schafft, der bringt Frieden und ist Gott sehr nah."

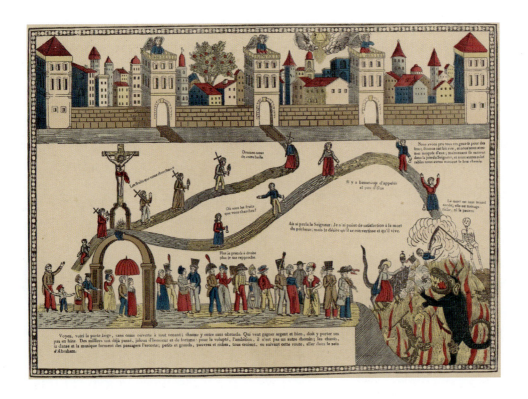

Nachdem der Löwe auch das Bild von der Bergpredigt in den Wagen gelegt hat, geht es in den nächsten Raum. Da entdeckt der kleine Vogel sofort ein Bild mit mehreren Wegen. Der eine führt in eine schöne Stadt mit vielen Toren, die anderen in den Abgrund zu einem Ungeheuer. Der kleine Vogel ruft erschrocken: „Das ist aber gruselig und gar nicht friedlich!" Der Löwe erklärt: „Ja, das Bild will zeigen, dass jeder Mensch sich für einen Weg entscheiden muss. Wenn er ein gutes Leben führt, erwarten ihn am Ende ein neuer Himmel und eine neue Erde. Er findet den wahren Frieden bei Christus. Die Stadt, gemeint ist das neue Jerusalem, ist das Symbol dafür, im Himmel zu sein." „Damit ist aber nicht der Wolkenhimmel gemeint?", ahnt der kleine Vogel. „Nein, der Himmel bei Gott ist nicht irgendwo und irgendwann, sondern ohne Raum und Zeit, wie wir sie kennen. Lassen wir uns überraschen!", meint der Löwe.

Das Lamm beeilt sich zu ergänzen: „Ich hätte nie so eine Hölle mit einem Monster gemalt. Ich finde auch, es gibt immer viele Wege. Man entscheidet sich im Leben ständig neu für das Gute oder das Schlechte. Manchmal meint man es gut, doch es entwickelt sich schlecht. Mit Bildern wie diesen wurde früher den Menschen Angst gemacht, damit sie dumm und brav blieben. Ich glaube nicht, dass es eine solche Hölle gibt!"

Der Löwe stimmt zu: „Jesus war nie für Bestrafung, sondern für Vergebung. Er selbst wurde von den Römern, die damals das Land beherrschten und um ihre Macht fürchteten, am Kreuz getötet. Jesus wurde unschuldig zum Opfer. Doch er wehrte sich nicht und zeigt uns so den Weg des Friedens. So ist ausgerechnet das Kreuz ein Symbol der Liebe."

Nachdem der Vogel all das bedacht hat, stimmt er zu: „Auch ich glaube: Gott und Jesus wollen uns nicht mit Ungeheuern erschrecken. Aber bestimmt haben die Menschen sich gefragt: Was geschieht mit denen, die nur Böses wollen und auch tun?"

Der Löwe nickt zustimmend, dreht sich um und sieht ein Plakat an der Wand hängen.

Darauf kniet ein erwachsener Mann in der Größe eines Kindes, mit strengem Blick hat er die Hände gefaltet wie zum Gebet. Ratlos blickt der kleine Vogel auf die Figur auf dem Plakat, die ihm etwas Angst macht.
Der Löwe erklärt ernst: „Das ist Adolf Hitler, einer der größten Verbrecher in der Geschichte der Menschheit. Er begann den 2. Weltkrieg, in dem unzählige Menschen ums Leben kamen. Er ließ Millionen Juden und viele andere Menschen grausam ermorden, sogar Kinder! Das Leid, das er in die Welt brachte, kann sich niemand vorstellen." Das Lamm betrachtet ihn nachdenklich: „Ich wüsste gern, ob er vor Gott knien muss, um ihn um Verzeihung zu bitten." Der kleine Vogel denkt an all das Leid, das er auf seinem Flug durch die Zeit sah, und redet wie noch nie: „Ja, dieser Mann stellt uns vor viele Fragen: Verzeiht Gott wirklich jedem Menschen? Vergibt er alles Böse? Können wir selbst Menschen vergeben, durch die so viel Unrecht in die Welt kommt?" Das Lamm staunt über den Vogel, der ihm gar nicht mehr klein vorkommt, und meint: „Jesus sagt uns: Was auch immer du getan hast, du kannst zu jeder Zeit zu Gott umkehren! Ich glaube, es gibt ein ‚Gericht' für alle, bei dem wir auf unser Leben zurückschauen. Aber ich glaube nicht an eine Feuerhölle, in die die Bösen hineingeworfen werden. Sollten wir nicht Gott vertrauen, dass er jedem Menschen gerecht wird und ihn wieder aufrichtet?"
Ein Bild von Hitler will keiner in den Wagen legen.

Verzeiht Gott jedem – alles?

Ausschnitt aus Installation von Maurizio Cattelan „Him"

Stattdessen geht das Lamm zum nächsten Kunstwerk und erklärt voll Freude: „Hier sehen wir ein Agape-Mahl der ersten Christen." „Aga-WAS?", fragt der Vogel. „Das Wort Agape kommt aus dem Griechischen. Es ist das beste Wort der Christen für Liebe. Gemeint sind die Barmherzigkeit und Nächstenliebe. Jesus gibt uns zwei Gebote: Gott zu lieben von ganzem Herzen und den Nächsten zu lieben wie dich selbst! Wer beide befolgt, ist auf dem Weg des Friedens für alle." „Aber das sind doch eigentlich drei Gebote", wendet der gar nicht mehr kleine Vogel ein. „Da hast du Recht. Nur wer sich selbst mag, kann auch den Nächsten lieben, und wer den Nächsten liebt, der liebt damit Gott. Die Liebe zu sich, den anderen und Gott gehören zusammen." „Aber warum treffen sich die ersten Christen ausgerechnet zum Essen?", will der Vogel wissen. „Gute Frage", antwortet der Löwe. „Beim Liebes- und Friedensmahl feiern sie, dass sie ein Herz und eine Seele sind. Sie sagen Gott Dank für das Leben und für die Gemeinschaft. Sie erinnern an gemeinsame Essen mit Jesus und an sein letztes Abendmahl mit den Freunden. Das alles tun Christen bis heute in der Feier des Gottesdienstes in der Kirche. Da ist Jesus Christus ganz nah bei ihnen und im heiligen Brot der Hostie in ihnen."

Dieses schwere Kunstwerk heben Löwe und Lamm gemeinsam liebevoll in den Wagen.

Schon geht es weiter zu einem ganz normalen Stein.
„Warum ist der so besonders?", wundert sich der Vogel. „Eine traurige Erinnerung ist mit diesem Stein verbunden", weiß der Löwe. „Es heißt, damit sei der Heilige Stephanus ermordet worden. Früher wurden Christen oft von Menschen verfolgt, die den Glauben an Christus nicht verstanden. Stephanus war der erste Christ, der für seinen Glauben gestorben ist. Er wurde das Opfer von wütenden Menschen, die ihn mit Steinen erschlugen. Wie Jesus hat er sich nicht gewehrt."

„Müssen Christen denn alles mit sich machen lassen? Muss man sich nicht gegen das Unrecht wehren? Das hört doch sonst niemals auf!" Der Vogel kann diese Fragen nicht zurückhalten. Das Lamm versteht das gut: „Natürlich können wir nicht immer alles erdulden, wenn wir ständig geärgert oder sogar geschlagen werden. Jeder muss entscheiden, wie er damit umgeht. Doch zurückzuschlagen führt meistens zu noch mehr Gewalt. Ich glaube, der friedliche Weg ist schwer zu gehen und doch eine gute Spur zum Frieden. Oft kann man sich mit Worten oder mit der Hilfe anderer verteidigen und die Gewalt stoppen. Die Friedensbotschaft Jesu war für viele sozusagen ein Stein des Anstoßes. Die Menschen konnten nicht begreifen, wie Jesus so gewaltlos leben konnte. Jesus starb also, weil er die Menschen liebte." Das Lamm bekommt etwas feuchte Augen. Der Vogel schweigt. Dann legt er selbst vorsichtig den Stein des Stephanus in den Wagen.

Der Vogel spürt: Er hat sich verändert durch das, was er gesehen und gehört hat. Ihm geht es besser, seine Erschöpfung und Verzweiflung ist wie weggeblasen. Er ist gewachsen. Die Hoffnung auf FRIEDEN für alle ist in ihm wach geworden. Er fühlt sich ein bisschen WIE IM HIMMEL!

Doch er fragt sich:
Warum ist trotzdem so viel Unfrieden in der Welt?
Warum ist es nicht auch SO AUF ERDEN?

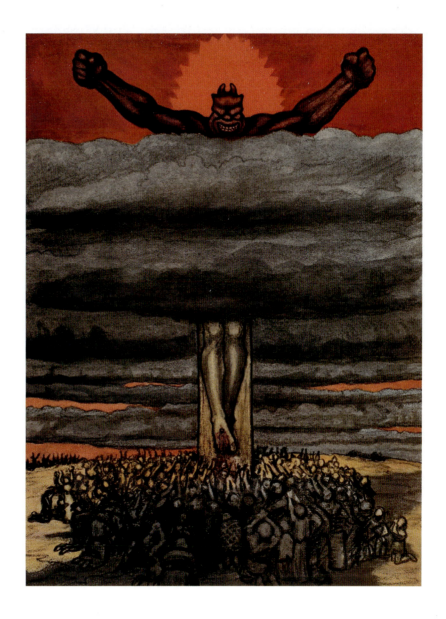

Der Löwe holt ihn aus seinen Gedanken zurück ins Museum. Es geht weiter in den nächsten Raum. Der Vogel schaut sich um. Ein Bild springt ihm geradezu in die Augen. Entsetzt ruft er: „Was ist das? Da beten Menschen auf der Erde zu Jesus am Kreuz, aber in Wirklichkeit verbirgt sich über den Wolken ein teuflisches Monster!"

Der Löwe eilt zum Vogel und erklärt ihm: „Der Künstler malte nach Erlebnissen im 1. Weltkrieg Bilder über den Krieg. Dieses Bild nannte er ‚Gebet um Sieg'. Denn in allen Kriegsländern schickten die Kirchen die Soldaten mit ‚Gottes Segen' in den Krieg. Jeder sah Gott als Verbündeten auf seiner Seite. Die Bilder dieses Künstlers wurden von den Herrschern in den Kriegsländern verboten. Ihnen ging es nicht um Gerechtigkeit und Liebe, sondern um Macht und Gewalt. Der Künstler will zeigen: Es ist ein schrecklicher Missbrauch von Religion und Glaube, wenn ein verbrecherischer Krieg mit Jesus und Gott begründet wird. Es ist schlimm, wenn Christen, ‚im Namen Gottes' beim Krieg mitmachen." Der Vogel ist sprachlos und erschüttert. Als der Löwe das Bild in den Wagen legt, fragt er sich, wie Christen überhaupt an einem Krieg teilnehmen können. Das kann doch Jesus niemals wollen …

Da zieht ihn das Lamm sanft zum nächsten Bild: „Das wird dir gefallen!" Der Vogel sieht einen Mann, der ein Gewehr zerbricht. Sofort erkennt er an den vielen Strahlen, das Bild zeigt Jesus Christus. „Dieser Künstler schuf das Bild, als nach dem fürchterlichen 2. Weltkrieg wieder viele Kriegswaffen angeschafft wurden", erklärt der Löwe. „Damit wollte er bestimmt sagen: Wenn Jesus jetzt lebte, dann würde er alle Waffen vernichten", versteht der Vogel sofort. Das Lamm stimmt begeistert zu: „Ganz genau, der Künstler war immer gegen Krieg und Gewalt. Unter Hitlers Herrschaft waren Bilder von ihm verboten."

„Könnte man aus den Waffen nicht besser etwas Sinnvolles machen, statt sie zu zerstören?", denkt der Vogel laut nach. „Du hast den gleichen Friedenstraum wie der Prophet Micha im Alten Testament", pflichtet der Löwe bei, „dass Menschen eines Tages Schwerter zu Pflugscharen schmieden, also aus den Waffen Geräte für den Ackerbau herstellen." Das Lamm unterbricht ihn und führt den Vogel zum nächsten Bild: „Daran haben sich die Menschen in der damaligen DDR erinnert, als ihre Freiheit unterdrückt und Deutschland in zwei Länder geteilt war. Mit diesem Plakat haben sie zu Friedensgebeten aufgerufen. Einmal hat ein Schmied tatsächlich vor vielen Leuten aus einem Schwert einen Pflug geschmiedet, um zu zeigen, wie ernst sie es meinen. Über sieben Jahre lang trafen sich Menschen Woche für Woche in einer Kirche, am Anfang wenige, dann immer mehr, am Ende waren es viele tausende Menschen.

31

Sie haben sich dieses Friedenszeichen sogar auf die Kleidung genäht und sich im Namen Jesu Christi friedlich versammelt, bis im Jahr 1989 die Grenzen zwischen den beiden Teilen Deutschlands geöffnet wurden. Die Mauer, die die Länder teilte, fiel und alle feierten die Freiheit." „Und ein Regenbogen war auch dabei", freut sich der Vogel, „das Symbol des Friedens, das ich am Anfang bei Noah gesehen habe!"
Es geht ihm deutlich besser. Mit Freude packt er beide Bilder in den Wagen.

Im nächsten Raum fallen dem Vogel silberne und goldene Münzen und kostbarer Schmuck auf. Er staunt: „Von wem ist dieser Schatz und warum wird er gezeigt?" „Du stellst die richtigen Fragen", freut sich das Lamm und erklärt betrübt: „Der Schatz gehörte vor fast 700 Jahren vermutlich einem jüdischen Händler in Münster. Er musste versteckt werden, damit er nicht gestohlen wurde. Als die tödliche Pest wütete, beschuldigte man die Juden zu Unrecht, das Wasser der Brunnen vergiftet zu haben. Viele wurden ermordet. Am Ende gab es keine Juden mehr in Münster. Erst 600 Jahre später fand man den Schatz in einem Keller."
„Was soll der Hass gegen die Juden?", empört sich der Vogel. „Gute Frage", nickt der Löwe. „Viele sind neidisch, wütend und ängstlich gegenüber allem, was fremd ist. Bis heute gibt es schlechte Meinungen und Vorurteile gegenüber Juden, auch von Christen. Leider stellten die Evangelisten in der Bibel die Juden oft schlecht dar, um die Unterschiede zu Jesus zu betonen. Später warfen Christen dem Volk der Juden vor, es habe Gottes Sohn getötet. Das ist falsch: Die Römer kreuzigten Jesus. So brachten Christen vielen Juden großes Leid."
„Wie schrecklich", klagt der Vogel, „Niemand darf benachteiligt oder ausgestoßen werden, weil er zu einer anderen Religion gehört, aus einem anderen Land kommt oder anders aussieht. Alle sind für alle die ‚Nächsten', die wir lieben sollen!" „Ja, du hast verstanden, was Jesus will! Eine Feindschaft von Christen gegenüber Juden ist furchtbar, zumal Jesus selbst ein Jude war und geblieben ist." Mit diesen Worten legt der Löwe zugleich trotzig und traurig eine Münze in den Wagen. Der Vogel denkt still für sich: Alles Schlimme, was war, lässt sich nicht einfach zurückdrehen, aber lernen können wir daraus.

„Beim nächsten Bild wird es uns nicht besser gehen", warnt das Lamm schon vor, als sie in den letzten Raum des Museums gehen. „Die Christen haben eine Botschaft der Liebe, die viele Menschen begeistert. Doch leider wurden oft andere Menschen gezwungen, den Glauben der Christen anzunehmen. Bei den so genannten Kreuzzügen brachten Christen im Namen Gottes Leid und Krieg in die Welt, um Land zu erobern. So brachte die Kirche sich und ihre Botschaft der Nächstenliebe in Not."

Schon von weitem ist der Vogel entsetzt, als er die bewaffneten Reiter sieht, die die Menschen verfolgen. „Den armen geht es eigentlich so wie Jesus am Kreuz in der Mitte des Bildes ...", murmelt er traurig. „Du hast Recht, doch es ist anders gemeint", erklärt der Löwe, „Von links nach rechts gelesen, wird Heinrich vor ungefähr 1.000 Jahren vom Papst mit ‚Gottes Segen' zum Kaiser gekrönt. Dann bekommt er ein ‚heiliges' Schwert. Anschließend sieht er im Traum den Gekreuzigten und beichtet vor Gott. Schließlich zieht er in die Schlacht gegen die ‚Ungläubigen'. Dabei wird er von einer Gruppe Heiliger geführt. Gott wird im Gemälde also benutzt, um den Krieg des Kaisers als richtig darzustellen. Denn der Krieg fand schon vor der Krönung statt."

„Ja, und dieses Bild", fügt das Lamm verbittert hinzu, „ließ 500 Jahre später der Kaiser Maximilian malen, um seinen Kampf gegen Andersgläubige mit Gott zu begründen. Es ist so traurig: Wenn Jesus nicht auferstanden wäre, würde er sich vor Ärger im Grab umdrehen!" Der Vogel weiß nicht, ob er darüber weinen oder lachen soll. Als er das Bild entschlossen in den Wagen legt, denkt er: Wer den Missbrauch der Religion in früheren Zeiten durch manche Menschen und die Kirchen kennt, weiß hoffentlich, wie man ihn heute und morgen verhindern kann.

Als könnte das Lamm seine Gedanken lesen, spricht es: „Aber es gab unter den Christen aller Zeiten auch Friedensstifter, die Jesu Gedanken und Werke weitergetragen und glaubwürdig gelebt haben oder sogar dafür gestorben sind. So setzt sich Papst Franziskus heute weltweit für den Frieden ein. Er fordert die mächtigen Politiker der Welt auf, für den Frieden zu arbeiten. Das friedliche Gespräch mit den anderen Religionen der Welt hat schon viel gebracht. Wir haben Achtung vor den anderen Religionen, versuchen einander kennenzulernen und voneinander zu lernen."

Die drei waren bei einem Bild angekommen, auf dem viele bunt gekleidete Menschen nebeneinander sitzen. Der Löwe erklärt: „Die Vertreter der unterschiedlichen Religionen trafen sich vor über 30 Jahren zum Weltgebetstag. Dabei gab der damalige Papst Johannes Paul II. zu: Wir Christen waren leider nicht immer Friedensbringer. Doch wir sind überzeugt vom Glauben, dass der Friede den Namen Jesu Christi trägt."

Das Lamm zeigt auf ein weiteres Bild, auf dem ein Mann vor einer Wand mit verschiedenen Zeichen zu sehen ist: „Dieses große Gemälde eines Künstlers, der eine muslimische Mutter und einen christlichen Vater hat, mag ich sehr: Wir sehen die drei Zeichen für die größten Weltreligionen, die an einen einzigen Gott glauben: den Halbmond für den Islam, den Davidstern für das Judentum und das Kreuz für das Christentum ..." „Und sie bilden", unterbricht der Vogel, „mit weiteren Buchstaben das Wort ‚COEXIST', das ist bestimmt eine Botschaft!" „Genau, das ist Englisch und bedeutet ZUSAMMENLEBEN!", antworten Löwe und Lamm wie aus einem Mund. Während sie behutsam die beiden Bilder in den Wagen legen, ergänzen sie gemeinsam: „Das kann ein Schlüssel für ein gutes LEBEN sein!" Und mit diesen Worten, mit aufmunternden Blicken und herzlichem Winken verabschieden sich die beiden und verschwinden genauso plötzlich, wie sie gekommen waren.

Der Vogel wundert sich nur kurz darüber. So schwach kam er hier an. Doch er ist durch die Ermutigung von Löwe und Lamm, durch die Botschaft der Bilder und der Worte stark geworden und gewachsen. Er weiß, jetzt kommt er allein zurecht! Er ist beeindruckt von der Friedensbotschaft und Ehrlichkeit des Papstes und von dem Künstler des Wandbildes, der einmal sagte: „Wir sind alle unterschiedlich. Genau das ist unsere Gemeinsamkeit, die uns miteinander verbindet." Die Menschen wollen Frieden. Richtig verstanden, können die Religionen den Weg dahin zeigen. Aber er kommt nicht von allein, sondern nur durch uns selbst, ob wir uns nun mit einer Religion verbunden fühlen oder nicht.

Ist der Vogel auf der Suche nach Frieden am Ziel angekommen? Plötzlich wünscht er sich zu fliegen. Einige Male schlägt er mit den Flügeln und erhebt sich in die Luft, fliegt durch die Räume des Museums und sieht alle Bilder noch einmal: Bilder vom Versuchen und vom Versagen des Friedens. Er fliegt direkt zu auf das Bild FRIEDEN, mit dem alles anfing ... RUMMS, damit hat der Vogel nicht gerechnet! Gedankenverloren ist er wieder ungebremst vor das Bild geflogen. Auf dem Boden braucht es etwas Zeit, bis er zu sich kommt. Dann ist er wieder voll da und betrachtet das vertraute Bild. Löwe und Lamm stehen regungslos da, das Kind schaut liebevoll zu ihm. Hat er das etwa alles nur geträumt nach seinem Zusammenstoß mit dem Bild FRIEDEN: Löwe und Lamm, die Reise durch das Museum, die Bilder vom Frieden?

Vorsichtig erhebt sich der Vogel und trippelt etwas verwirrt Schritt für Schritt durch die Räume des Museums. Dabei nickt er immer wieder mit dem Kopf und stellt erleichtert fest: Sie sind alle da, die Kunstwerke, die ihn so froh und so traurig machen, die ihm aber neue Hoffnung geben und ihn größer werden lassen. Er ist nicht mehr der „kleine" Vogel. Nun kann er wieder hinaus in die Welt. Nachdem er noch aus dem Augenwinkel hinten in einer Ecke einen kleinen Wagen stehen sieht, über den eine bunte Regenbogendecke gebreitet ist, geht er mutig durch die Tür des letzten Raumes. Völlig überrascht steht er vor einem Spiegel und schaut hinein. Er sieht sich selbst, wie er sich noch nie gesehen hat ...

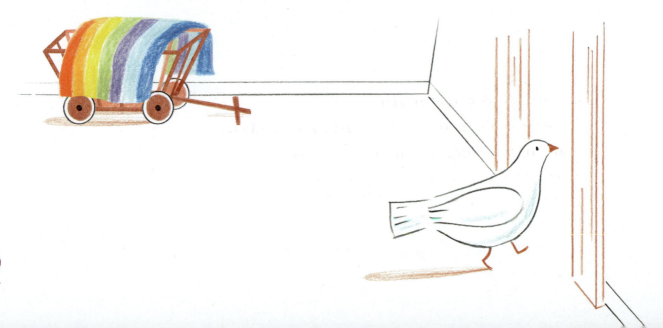

In diesem Augenblick wird ihm alles klar.
Der Vogel erkennt und ruft erstaunt: „Ich selbst bin eine Taube!
Bin ich etwa die Taube aus der Geschichte von Noah?
Dann war ich wirklich lange unterwegs auf der Reise durch Raum und Zeit.
Die ganze Zeit hoffte ich auf einen FRIEDEN, WIE IM HIMMEL, SO AUF ERDEN.
Den Frieden habe ich gesucht und dabei am Ende auch mich selbst gefunden.
Nun kann ich neu vom Frieden erzählen und mich begeistert für ihn einsetzen.
Dann bin ich nicht nur ein FRIEDENSSUCHER, sondern auch ein FRIEDENSBRINGER."

Da wünscht sich unser Vogel, unsere Friedenstaube, nur noch eines.
Das schreibt er auf ein Blatt Papier und malt dazu alle Farben des Regenbogens.

Was ER geschrieben hat, wird für immer sein Geheimnis bleiben.
Was DU dir wünschst, kannst du selbst hier aufschreiben und malen.

„Fröhlich mit meinen Geschwistern spielen!"

Frieden ... so auf Erden? Und nun?
Die Rechtfertigung von Krieg um Glaubensfragen verschwand im letzten Jahrhundert aus der christlichen Lehre. Die Katholische Kirche hat im Zweiten Vatikanischen Konzil von 1962 bis 1965 ihr friedliches Verhältnis zu den nichtchristlichen Religionen klargestellt. In der heutigen Zeit wird Religion politisch vereinnahmt, und man versucht, mit ihr Gewalt zu rechtfertigen. Die historischen Erfahrungen in Europa mahnen, dem Töten aus religiöser Überzeugung Einhalt zu gebieten und Frieden zu stiften.

Sicher wird es wahr, eines Tages – denn Christen glauben:
Am Anfang und am Ende ist alles gut und das Beste liegt noch vor uns!

Abbildungsnachweis

Die Redaktion war bemüht, alle Bildrechte einzuholen. Sollten versehentlich Inhaber von Rechten nicht berücksichtigt worden sein, werden deren Ansprüche selbstverständlich im Rahmen der üblichen Vereinbarungen abgegolten.

Für alle Werke aus der Sammlung des Bistums Münster gilt folgender Fotonachweis: Institut für Bistumsgeschichte Münster, Stefan Jahn.

Alle weiteren Informationen zu den Kunstwerken finden Sie im Ausstellungskatalog „Frieden. Wie im Himmel so auf Erden?", bearbeitet von Thomas Flammer, Thomas Fusenig und Viktoria Weinebeck, hrsg. vom Bistum Münster, Dresden 2018.

S. 4 Bildpostkarte nach William Strutt „Peace: a little child shall lead them" (Frieden: Ein kleines Kind soll sie führen), ohne Jahr, Hanfstaengls Künstlerkarte, Nr. 166, Münster, Sammlung des Bistums Münster

S. 8 ohne Titel (Taube in kugelsicherer Weste), Banksy (zugeschrieben), Bethlehem 2007, Foto: Dina Katharina Sauer, 2017

S. 10 17. Friedensgemälde, Noahs Dankopfer, Entwurf nach Bartholomäus Kilian, Augsburg 1668, Münster, Sammlung des Bistums Münster

S. 14 Die acht Seligpreisungen, anonymer Meister, um 1553, Museum voor Schone Kunsten, Gent (Belgium), Foto: Museum of Fine Arts Ghent © www.lukasweb.be – Art in Flanders vzw, photo Hugo Maertens

S. 16 La Nouvelle Jérusalem (Das neue Jerusalem), Épinal, 19. Jh., Münster, Sammlung des Bistums Münster

S. 20 Verzeiht Gott jedem – alles?, Künstlerteam Jae Pas (Jan Andreas Enste und Andre Pascal Stücher), Plakat zur Installation „Him" von Maurizio Cattelan, Münster zw. 2001 und 2003, Stiftung Haus der Geschichte der Bundesrepublik Deutschland, Foto: Stiftung Haus der Geschichte, © VG Bild-Kunst, Bonn 2018 © Maurizio Cattelan's Archive

S. 22 Fragment eines Sarkophagdeckels mit Agapemahl und der Taufe Christi, Ende 3. Jahrhundert Musei Vaticani, Città del Vaticano, Foto: © GOVERNATORATO SCV - DIREZIONE DEI MUSEI VATICANI

S. 23 Stein des Heiligen Stephanus, frühes 13. Jahrhundert, Kulturstiftung Sachsen-Anhalt, Domschatz Halberstadt, Inv. Nr. DS062a, Foto: C. Grimm-Remus

S. 27 Gebet um Sieg, Blatt 3 der Mappe „Krieg", Willibald Krain, Zürich 1916, Sammlung Gerhard Schneider, Olpe und Solingen, Foto: Fotoatelier Saša Fuis, Köln

S. 30 Christus zerbricht das Gewehr, Otto Pankok, 1950, Sammlung Gerhard Schneider, Olpe und Solingen, Zentrum für verfolgte Künste GmbH im Kunstmuseum Solingen, Foto: Gerhard Schneider, Olpe und Solingen, © Otto Pankok Stiftung

S. 31 Originalplakat: Schwerter zu Pflugscharen – Friedensgebet in St. Nikolai, André Steidtmann, Leipzig 1982, Ev.-Luth. Kirchgemeinde St. Nikolai Leipzig, Foto: Andreas H. Birkigt, Leipzig, © André Steidtmann, 2018 © Ökumenische FriedensDekade e.V., 2018

S. 34 Münzschatzfund vom Stadtweinhaus Münster 1951, 1301-1350, LWL-Museum für Kunst und Kultur. Westfälisches Landesmuseum, Münster, Foto: LWL-MKuK/Sabine Ahlbrand-Dornseif

S. 36 Heinrichstafel, Meister der Barbaralegende, Brüssel um 1494, Inv. Nr. 1573 LG: Dauerleihgabe Germanisches Nationalmuseum, Nürnberg, Inv. Nr. 1529 LM: LWL-Museum für Kunst und Kultur. Westfälisches Landesmuseum, Münster, Inv. Nr. 239 WKV: Dauerleihgabe Westfälischer Kunstverein, Münster, Foto: LWL-MKuK/Hanna Neander

S. 39 6. Weltgebetstreffen für den Frieden in Assisi, 27.10.1986, Foto: Archivio Fscire, Bologna

S. 40 Coexist, Combo Culture Kidnapper, Paris 2015, Privatbesitz, Foto: Combo, © Combo, 2018 © VG Bild-Kunst, Bonn 2018